Ernst Probst

Sophia Loren - Der italienische Filmstar der 1960-er Jahre

Ernst Probst

Sophia Loren - Der italienische Filmstar der 1960-er Jahre

GRIN Verlag

Bibliografische Information der Deutschen Nationalbibliothek: Die Deutsche Bibliothek
verzeichnet diese Publikation in der Deutschen Nationalbibliografie; detaillierte bibliografische Daten sind im Internet über http://dnb.d-nb.de/ abrufbar.

1. Auflage 2012
Copyright © 2012 GRIN Verlag GmbH
http://www.grin.com
Druck und Bindung: Books on Demand GmbH, Norderstedt Germany
ISBN 978-3-656-19969-4

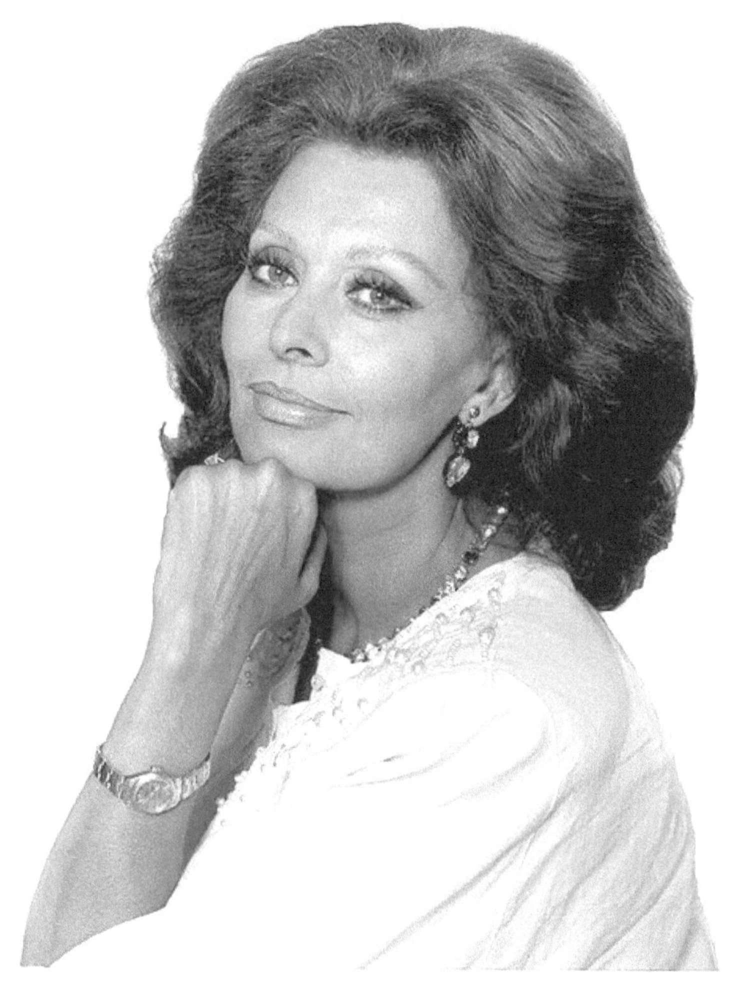

Sophia Loren

Ernst Probst

Sophia Loren

Der italienische Filmstar
der 1960-er Jahre

Beate Werner,
Bernd Werner,
Marianne Werner,
Otto Werner,
Sonja Werner,
Dr. Jochen Werner,
Christine Werner und
Steffen Werner
gewidmet

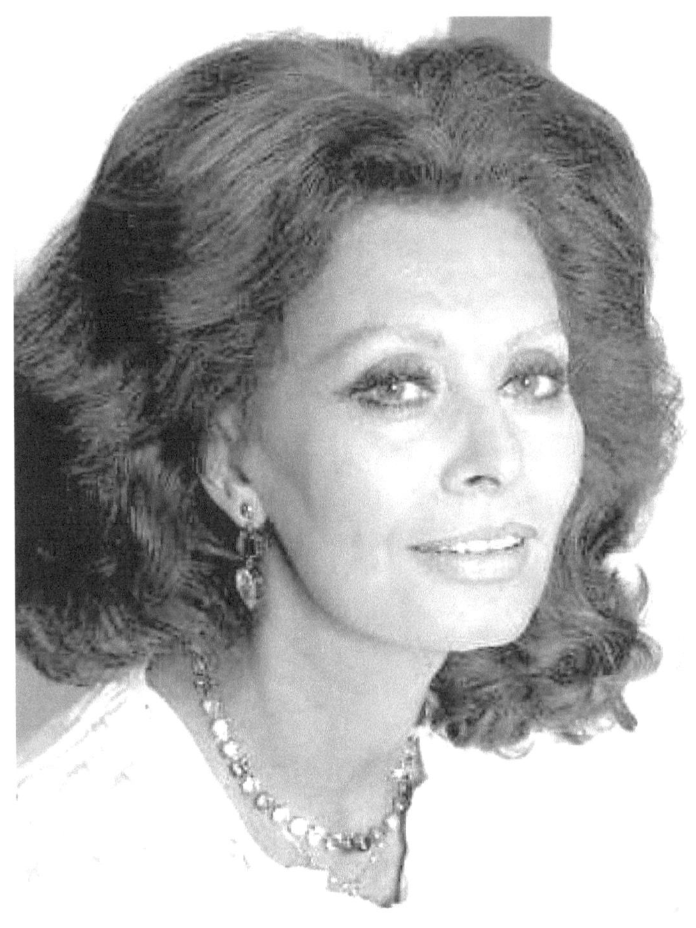

Sophia Loren 1986 in Los Angeles

Sophia Loren

Der italienische Filmstar der 1960-er Jahre

Als Italiens berühmteste Filmschauspielerin der 1960-er Jahre gilt Sophia Loren, geborene Sofia Villani, adoptierte Scicolone. Mit eisernem Willen, ungewöhnlicher Schönheit und großer Liebenswürdigkeit boxte sie sich vom bettelarmen Kind zum bewunderten Weltstar durch. Ihr Erfolg strafte einen Freund Lügen, der meinte, sie habe eine zu lange Nase, einen zu großen Mund, viel zu breite Hüften und müsse sich „total umbauen lassen", wenn sie eine ernsthafte Schauspielerin werden wolle.

Sofias Mutter Romilda Villani (1910–1991) war Klavierlehrerin. Sie hatte 1932 den Wettbewerb des Filmstudios „Metro-Goldwyn-Mayer" („MGM"), in dem man ein Double für die schwedisch-amerikanische Filmschauspielerin Greta Garbo (1905–1990) suchte, gewonnen. Eine Reise nach Hollywood trat sie nicht an, weil ihr Verlobter dagegen war. 1932 wirkte sie in dem Film „Gioventù eroica" mit, der allerdings wegen finanzieller Probleme nicht fertig gestellt wurde.

An einem Novemberabend 1933 lernte Romilda Villani in Rom den Sohn einer gut situierten Familie namens Riccardo Scicolone (1907–1976) kennen, der Ingenieur-

technik studierte. Es heißt aber auch, Riccardo sei Handwerker gewesen. Aus dieser Verbindung gingen am 20. September 1934 in Rom die Tochter Sofia und im Mai 1938 die Tochter Maria hervor. Sofia erhielt den Vornamen von Riccardos Mutter, Maria den von Riccardos erster Schwester. Für ihren Vater hatte der Name Sofia Scicolone „einen lustigen vollen Klang".
Weil sich Riccardo Scicolone wenig um sie kümmerte und sie nicht heiratete, zog Romilda Villani 1941 mit ihren Töchtern zu ihren Eltern in den armen Arbeitervorwort Pozzuoli von Neapel. Dort teilte ihr eines Tages Riccardos Mutter telefonisch mit, ihr Sohn habe eine andere, nämlich Nella Rivolta, geheiratet. Riccardo ließ sich in Foligno nieder, zeugte die Söhne Guliano und Guiseppe und heiratete 1970 die Deutsche Carola Hack. Wegen der schlanken Figur Sofias riefen ihr andere Kinder den Spitznamen „Stedietto" („Stock") hinterher, denn ihre Oberweite begann erst mit 14 Jahren zu sprießen. Die lebhafte Sofia besuchte in Pozzuoli die Pfarrschule und das Lehrerinstitut und wollte gerne Lehrerin werden. Aber ihre ehrgeizige Mutter plante, ihrer ungewöhnlich attraktiven Tochter den Weg zum Film zu bahnen, der ihr selbst verwehrt geblieben war.
Anfang 1949 kündigte ein Inserat in der Zeitung „Corriere di Napoli" eine Schönheitskonkurrenz und die Wahl einer „Prinzessin des Meeres" im neapolitanischen Presseclub an. Mit einem weit ausge-

schnittenen Abendkleid, das Großmutter, Mutter und Tanten im Eiltempo schneiderten, präsentierte sich die 14 Jahre alte Sofia der Jury und gewann den zweiten Preis. Viele männliche Neapolitaner pfiffen, schrien und zertrümmerten Unmengen von Geschirr, weil nach ihrer Ansicht die vollbusige Sophia die Siegerin sein sollte. Wegen dieses Tumults musste sogar die Polizei eingreifen. Nach dem Erfolg bei dieser Wahl erkannte die Mutter blitzschnell, dass ihre Tochter Sofia ihre Karriere beim Film machen würde.

Als 16-Jährige wurde Sofia in Salsomaggiore zur „Miss Eleganza" gewählt. Von diesem Augenblick an wusste ihre Mutter, dass Sofia ihren heimlichen Traum von einer Filmkarriere wahr machen würde. Um sie dabei zu unterstützen und nicht allein den Gefahren und Schwierigkeiten auszusetzen, zog die Mutter mit ihrer 17-jährigen Tochter Sofia und deren jüngerer Schwester Maria nach Rom. Mit Hilfe der Mutter startete Sofia ihre Offensive auf die römische Film- und Männerwelt. Ihre ersten kleinen Filmrollen bekam Sofia in „Herzen unter Wasser" (1949) und – zusammen mit ihrer Mutter – als Komparsin in dem Kolossalfilm „Quo vadis" (1950). Sophia war in einem Pullover, der ihre Reize zur Geltung brachte, zum Besetzungsbüro für den Film „Quo vadis?" gegangen, den der Regisseur Mervin Le Roy (1900-1987) für „Metro-Goldwyn-Mayer" („MGM") drehte. Prompt hatte man sie als Statistin für eine Gage von umgerechnet 70 Euro engagiert. In dem

Softpornofilm „Era lui, si, si" („Er war es, ja, ja", 1951)
bekam sie eine kleine Rolle als Haremsdame.
Die beiden Schwestern Sofia und Maria kamen anfangs
bei ihren Bemühungen, in der Filmwelt Fuß zu fassen,
nicht richtig voran. Häufig mussten sie von einer Pension
zur nächsten ziehen. Geld war ständig knapp. Oft
besuchten sie Nachtlokale und hofften dort auf
filmnützliche Bekanntschaften. In jener schwierigen Zeit
tat Sofia wirklich alles für ihre erhoffte Filmkarriere.
1950 beteiligte sich Sofia an der Wahl der „Miss Rom",
was vor ihr schon Silvana Mangano (1930–1989), Silvana
Pampanini und Gina Lollobrigida getan hatten. Sofia
erreichte zwar nur den zweiten Platz, aber an jenem
Abend begegnete sie erstmals einem Mann, der in ihrem
Leben fortan eine wichtige Rolle spielte. Sie wurde dem
Filmproduzenten Carlo Ponti (1912–2007) präsentiert,
der mit seinem Kollegen Dino De Laurentis (1919–
2010) den Film „Bitterer Reis" (1950) gedreht hatte und
als einer der rührigen Filmemacher Roms galt. Ponti
war vom Anblick Sophias sehr angetan und lud sie zum
Abendessen ein. Beim näheren Kennenlernen sprang
für Sofia eine Komparsenrolle als Prostituierte im Film
„La tratta delle bianchi" („Mädchenhandel", 1952)
heraus. In jener Zeit machten zwei deutsche Fotografen
erste Aufnahmen von ihr und sorgten für Werbung.
Weitere Einladungen anderer Männer zum Abendessen
bescherten Sofia keine Filmrollen. Trotzdem gaben die
Mutter und Sofia ihr Vorhaben nicht auf. Für sie war es

nur wichtig, die Wartezeit finanziell zu überbrücken. In ihrer Not erinnerte sich die Mutter, früher Zeitschriften gelesen zu haben, die mit fotografierten Kitschromanen anspruchslos italienische Dienstmädchen unterhielten. Wenn es nicht gleich beim Film klappte, wollte man es eben mit Fotoromanen („Fumetti") versuchen. Tatsächlich hatte Sofia damit Erfolg. Unter dem Künstlernamen „Sophia Lazzaro" erschienen ihre Fotos in den Zeitschriften „Sogno" („Traum") und „Luna-park". Auch Gina Lollobrigida war vor ihrer Filmkarriere als Fotoroman-Modell aktiv gewesen.

Angeblich gab es damals in Rom kaum einen Filmregisseur, in dessen Vorzimmer Sophia nicht auftauchte. Weil sie unter Lampenfieber litt, trat sie nicht im Theater auf. Dank ihrer Zähigkeit erhielt Sofia eine Hauptrolle in dem Film „Ci troviamo in galleria" („Treffpunkt Galeria" , 1953), in dem sie ihr tänzerisches Talent bewies. Ihre nächste Rolle in „Africa sotto i mari" („Weiße Frau in Afrika", 1953) erschwindelte sie sich mit einer Lüge. Als man die Nichtschwimmerin Sophia fragte, ob sie kraulen könne, antwortete sie: „Wie eine Olympiasiegerin". Daraufhin erhielt sie den Vertrag und lernte innerhalb von zwei Wochen schwimmen.

Weil ihm der Künstlername „Sophia Lazzaro" durch 17 anspruchslose Fotoromane als kompromittiert erschien, schlug der Produzent Giovanni Roccardi das nordisch klingende Pseudonym „Sophia Loren" vor. Die Werbeleute des Filmstudios „Phoenix" erfanden hierzu passenderweise einen norwegischen Großvater von Sophia. Der Film „Africa sotto i mari" erwies sich als großer Erfolg. „Selbst die leidenschaftlichsten Liebhaber der Unterwassertierwelt entzündeten ihre Träume am beredten Badekostüms Sophias", hieß es. Bereits am Morgen nach der Premiere war die Loren berühmt.

Für ihre nächste Hauptrolle in „Aida" (1953) erhielt Sophia Loren bereits eine Gage von einer Million Lire. Damit rückte sie nach Gina Lollobrigida („Miss Rom" 1947), Silvana Mangano („Miss Rom" 1946), Silvana Pampanini (Zweite bei „Miss Italia" 1945) und Lucia Bosé („Miss Italia" 1948) an die fünfte Stelle in der Filmhierarchie der italienischen Schönheitsköniginnen nach.

1953 bot Carlo Ponti der Loren einen langfristigen Vertrag an. Fortan verkörperte sie auf der Kinoleinwand den Typ des schönen, etwas leichtfertigen Mädchens. Männliche Schauspieler äußerten oft Bedenken, zusammen mit Sophia in Filmen auftreten. Denn mit ihrer Körpergröße von 1,74 Meter und ihrer Vorliebe zu hohen Schuhen und Turmfrisuren überragte sie oft ihre männlichen Filmpartner.

In der Folgezeit drehte Sophia Loren unter anderem die Streifen „L'oro di Napoli" („Das Gold von Neapel", 1954), „La donna del fiume" („Die Frau vom Fluß", 1954) und „Peccato che sia una canaglia" („Schade, dass du eine Kanaille bist", 1955). Bald war ihr Filmruhm so groß wie der ihrer damaligen Konkurrentinnen Silvana Pampanini, Silvana Magnano und Gina Lollobrigida. Mit „Zwei Nächte mit Cleopatra" (1954) schlug Sophia Loren die Pampanini in ihrem Metier der parodistischen und erotischen Filme. Mit „Die Tochter des Flusses", einer Neuauflage von „Bitterer Reis", übertrumpfte sie die Magnano.

Im Blätterwald der Boulevardpresse sorgte vor allem der schlagzeilenträchtige „Krieg der Busen" zwischen Sophia Loren (1,74 Meter groß) und Gina Lollobrigida (1,64 Meter groß) zeitweise für starkes Rauschen. Was den Brustumfang der beiden Busen-Konkurrentinnen betraf, lag die sieben Jahre jüngere Sophia mit einem hauchdünnen Vorsprung vor Gina.

Das Duell der beiden Diven soll am 25. Oktober 1954 bei der Eröffnung des „Italian Film Festival" in London begonnen haben. Damals wurden zwölf italienische Filmstars – darunter Gina Lollobrigida und Sophia Loren – der Königin Elizabeth II. im Foyer des „Tivoli Theatre" präsentiert. Gina erschien in einer dezenten weißseidenen Emilio-Schubert-Robe. Sophia kam mit einem Diadem, was eigentlich nur der Königin vorbehalten war, einer perlenübersäten Krinoline und mit einem schwindelerregenden Dekolleté. Als die Loren einen tiefen Hofknicks machte, wobei noch mehr von ihrem Prachtbusen zu sehen war, blickte Prinz Philip starr geradeaus. Zum erstenmal hatte die Loren der großen Lollobrigida die Show gestohlen.

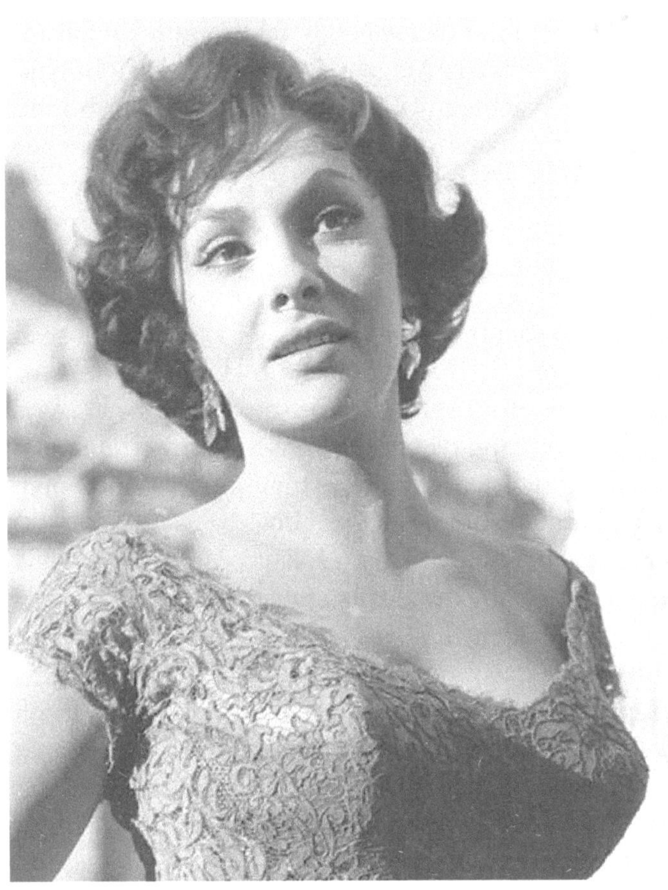

Gina Lollobrigida

Nach der Rückkehr aus London jubelte Sophia Loren in Italien, sie habe mehr Beifall als Gina Lollobridiga bekommen. Sie habe London in 24 Stunden erobert und die Londoner Zeitungen hätten ihre Fotos in größerer Aufmachung gedruckt als die der Königin. In der Folgezeit kam es fast jede Woche zu Angriffen und Gegenangriffen der beiden Filmdiven. Jede versuchte die Gegenseite auf dem Schlachtfeld der Publicity zu übertreffen. Sei es bei Einladungen zu bedeutenden Veranstaltungen, Foto- oder Malerterminen, bei Wohltätigkeitsveranstaltungen oder bei Filmrollen. Bei ihrem Wettstreit wurden die „Lollo" und die Loren von den so genannten „Lollobrigadisten" und den „Lorenisten" unterstützt.

Seit „Schade, daß du eine Kanaille bist" (1954), worin sie neben Marcello Mastroianni (1924–1996) eine tapfere Witwe spielte, wurde Sophia Loren geradezu mit Rollenangeboten überschwemmt. Interessante Offerten kamen aus Deutschland, Frankreich und Hollywood. Aber ihre Mutter, die ihre einfallsreiche Publicity-Managerin und gerissene Agentin war, achtete sorgfältig auf die Gesundheit von Sophia. Diese sollte pro Jahr nur noch drei Filme drehen und teuer werden.

Dank unermüdlichen Sprechtstudiums erreichte Sophia Loren, dass die Regisseure sie ihre Filmrolllen selbst sprechen ließen. Damit hatte sie Gina Lollobrigida und anderen italienischen Filmdiven ewas voraus. Diese sprachen teilweise einen Lokaldialekt, den man bereits

20 Kilometer von Rom entfernt kaum noch verstand. Deswegen mussten ihre Filme synchronisiert werden. Mitte der 1950-er Jahre sorgte ein Unterhaltsprozess gegen den Vater von Sophia Loren in der Presse für Schlagzeilen. Riccardo Scicolone hatte nach der Trennung von Romila Villani deren beide Mädchen Sophia und Maria als Töchter anerkannt und sich zur Zahlung einer bescheidenen Unterhaltssumme verpflichtet. Als Sophia später Stargagen erhielt, meinte er, seine Unterhaltszahlungen einstellen zu können. Doch die Mutter von Sophia klagte dagegen mit Erfolg. Das Gericht verurteilte den Vater zu drei Monaten Gefängnis. „Aus rein sentimentalen Gründen" wollte der Vater heim zu seinen Töchtern und ließ sich von seiner Ehefrau Nella scheiden. Diese veröffentlichte daraufhin ein Buch mit dem Titel „Sophias Ruhm zerstörte mein Glück". Danach gab es einen weiteren Prozess, weil Nella Scicolone angeblich Sophias Schwester Maria diffamiert hatte.

Der erste Hollywoodfilm der Loren hieß „The Pride and the Passion" („Stolz und Leidenschaft", 1957). Große Erfolge wurden die Streifen „Houseboat" („Hausboot", 1958), „The Black Orchid" („Die schwarze Orchidee", 1959) und „It Started in Naples" („Es begann in Neapel", 1960) zusammen mit Clark Gable (1901–1960).

Bei den Dreharbeiten für „Stolz und Leidenschaft" lernte Sophia Loren den verheirateten Filmschauspieler

Cary Grant (1904–1986) kennen, mit dem sie eine Affäre hatte und der ihr einen Heiratsantrag machte. Als die Loren 1957 erneut nach Hollywood kam, überhäufte Grant sie mit Blumen und Telefonanrufen, obwohl sie die Beziehung mit ihm bereits beendet hatte. Bei den Dreharbeiten für den Film „Hausboot" beschwerte sich die Loren weinend beim Regisseur, weil Grant ihr erneut hinterher lief. Sie hatte Grant erklärt, sie sei in Carlo Ponti verliebt, aber Grant glaubt ihr das nicht.

Im September 1957 heiratete Sophia Loren den 21 Jahre älteren und einen Kopf kleineren Carlo Ponti. Er ließ in Mexiko eine „Fernscheidung" von seiner früheren Ehefrau Giuliana Fiastri vornehmen, war aber nach italienischem Recht trotzdem noch verheiratet und wurde deswegen zusammen mit der Loren in Italien wegen Bigamie angeklagt. Ponti und seine erste Frau nahmen schließlich die französische Staatsbürgerschaft an und ließen sich im Dezember 1965 nach französischem Recht scheiden.

Den internationalen Durchbruch schaffte Sophia Loren in dem Film „La ciociara" („Und dennoch leben sie", 1960) unter der Regie von Vittoria De Sica (1901–1974). Darin brachte sie überzeugend ihre eigenen Kindheitserfahrungen auf die Kinoleinwand und vermittelte glaubhaft den Schmerz des Zweiten Weltkrieges. Für ihre Rolle in diesem Werk erhielt sie 1961 ihren ersten „Oscar" als beste ausländische Darstellerin. Ihren Ruhm als Hollywood-Star mehrte

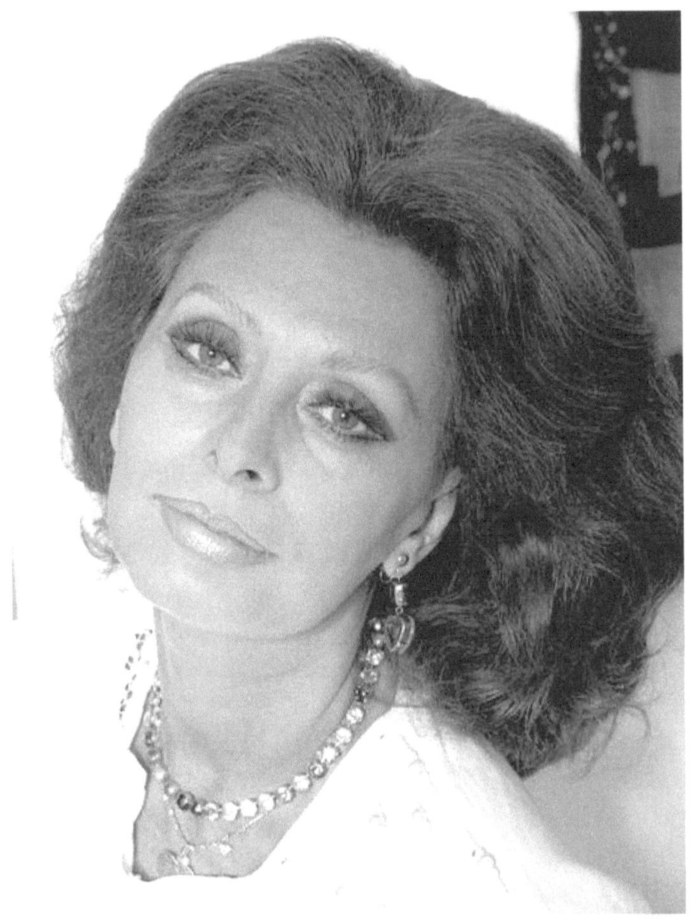

Sophia Loren 1986 in Los Angeles

sie durch den Monumentalfilm „El Cid" (1961) an der Seite von Charlton Heston (1923–2008).

Am liebsten spielte Sophia Loren zusammen mit Marcello Mastroianni in Filmen mit. Die Beiden galten als das Traumpaar des italienischen Kinos. Unter anderem begeisterten sie in „Gestern, heute, morgen" (1963) die Zuschauer/innen. „Wir sind austauschbare Teile ein und desselben Körpers", erklärte die Loren über ihre Zusammenarbeit vor der Filmkamera.

Mitte der 1960-er Jahre stand Sophia Loren auf dem Höhepunkt ihres Ruhms. Damals erkor der Komiker, Schauspieler, Regisseur, Komponist und Produzent Charlie Chaplin (1889–1977) sie zur Hauptdarstellerin seines letzten Films „Die Gräfin von Hongkong" (1966). Dafür drehte sie an der Seite von Marlon Brando (1924–2004), mit dem sie sich nicht gut verstand und den sie fast an die Wand spielte.

Am 9. April 1966 wurden Carlo Ponti und Sophia Loren in Sèvres bei Paris standesamtlich getraut. Am 29. Dezember 1968 kam ihr Sohn Carlo und am 6. Januar 1973 ihr Sohn Edoardo zur Welt. Carlo wurde später Schauspieler und Pianist, Edoardo dagegen Schriftsteller und Schauspieler. Vor ihrer ersten Geburt hatte Sophia zwei Fehlgeburten erlitten.

Sophias Schwester Maria Scicolone (1938–2006) war die erste Ehefrau des Konzertpianisten Romano Mussolini, des dritten und jüngsten Sohnes des italienischen

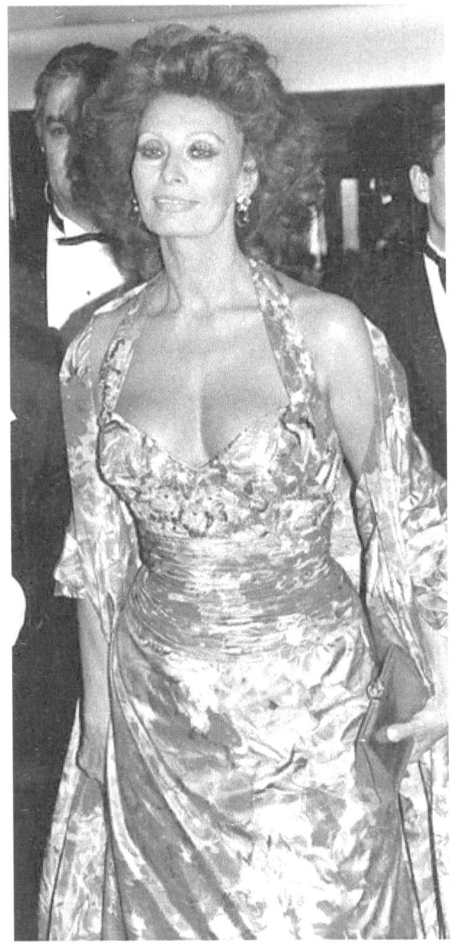

Sophia Loren 1991
bei der „Cesar"-Verleihung in Paris

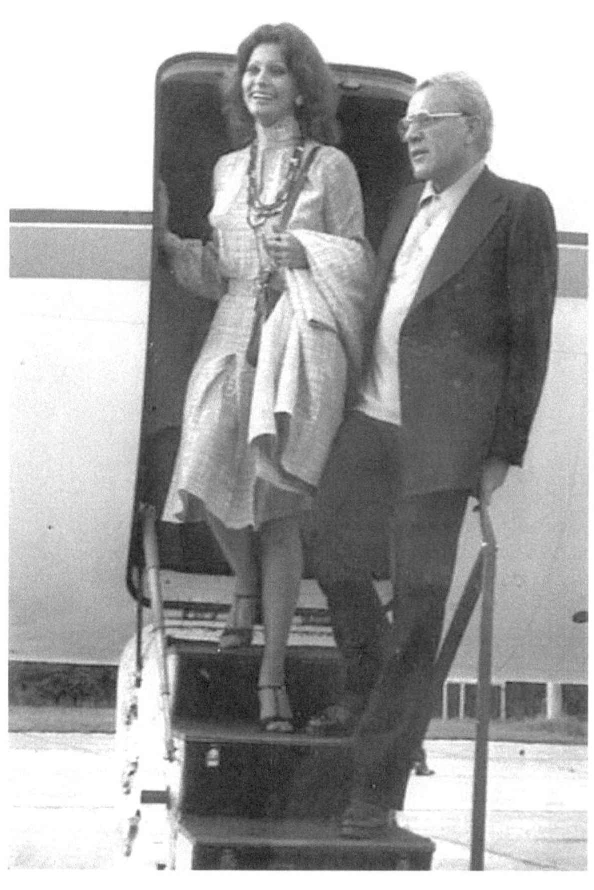

Sophia Loren und Richard Burton 2005
vor einem Flugzeug der „Iberia"

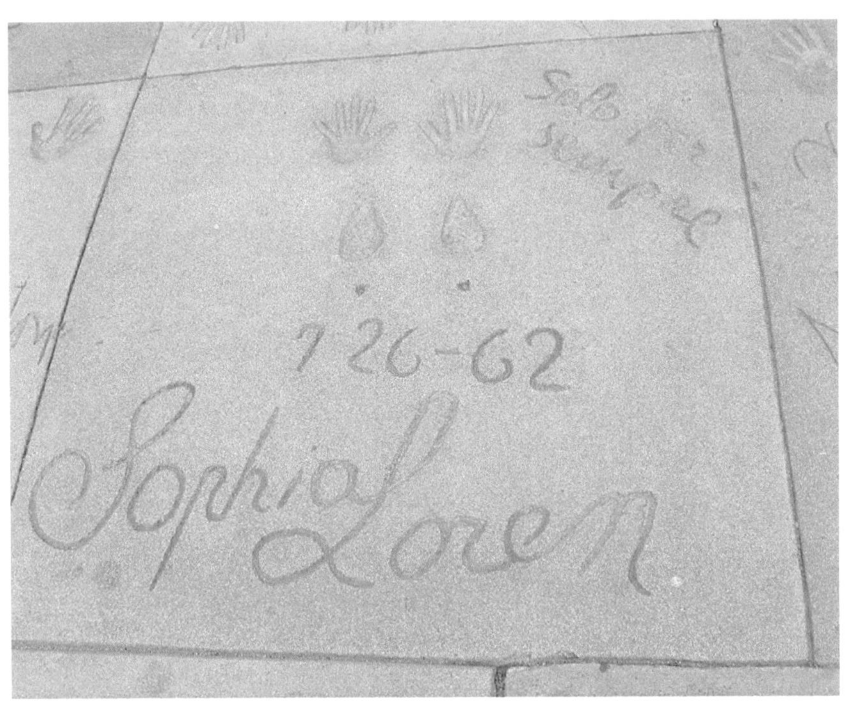

Hand- und Fußabdrücke von Sophia Loren
vor dem Kino „Grauman's Chinese Theatre in Hollywood

Diktators Benito Mussolini (1883–1945). Aus dieser Ehe, die später geschieden wurde, gingen die Töchter Allesandra und Elisabetta hervor.

Sophia Loren förderte früh die künstlerische Karriere ihrer 1962 geborenen Nichte Alessandra Mussolini, die später als neofaschistische Politikerin für Schlagzeilen sorgte. Mit ihr zusammen spielte sie in den Filmen „Bianco, rosso, e ...“ („Die Sünde“, 1972) und „Una giornata particolare“ („Ein besonderer Tag“, 1973), „Qualcosa di biondo“ („Etwas in Blond“, 1984) und „Sabato domenica e lunedì“ („Samstag, Sonntag, Montag“, 1990). Ermutigt von ihrer Tante präsentierte sich Alessandra im August 1983 nackt auf dem Titelblatt des italienischen „Playboy“.

Als 44-Jährige ließ Sophia Loren von dem amerikanischen Journalisten A. E. Hotchener ihre Biografie „Sophia – Leben und Lieben“ schreiben. Dieses Buch wurde 1979 veröffentlicht. Darin verriet die Loren unter anderem, sie habe übersinnliche Wahrnehmungen und unheimliche Vorahnungen, sei abergläubisch und trage immer etwas Rotes und wenn es nur ein Stückchen Unterwäsche sei.

1981 verurteilte man Sophia Loren wegen einer Steuerhinterziehung in Italien zu 30 Tagen Gefängnis, die sie im Mai/Juni 1982 im Frauengefängnis von Caserta absaß. Im November 1992 wurde sie in Genf – als Nachfolgerin der erkrankten amerikanischen Schauspielerin Audrey Hepburn (1929–1993) – zur Sonder-

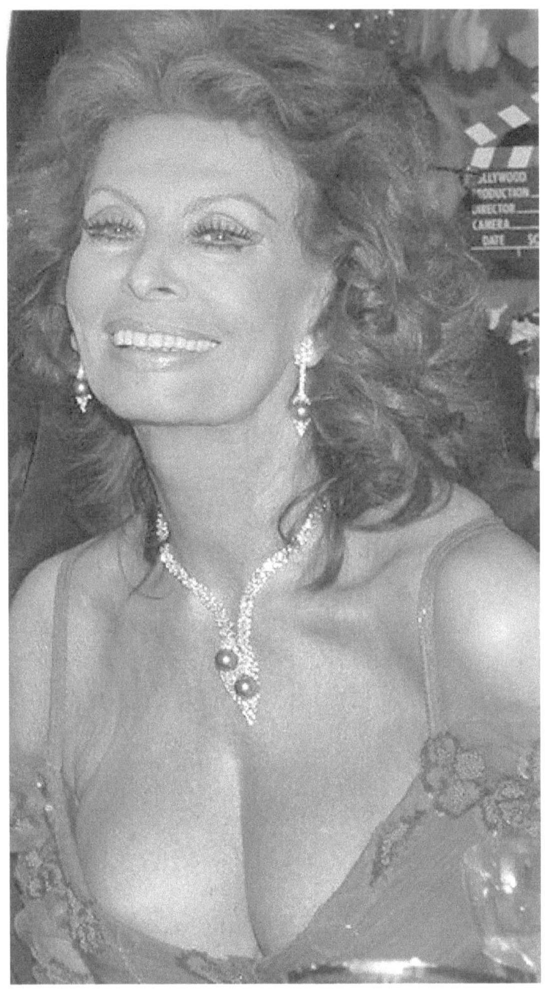

Sophia Loren 2009 in London

botschafterin des UNO-Flüchtlingskommissariats („UNHCR") ernannt.

Nach sechsjähriger Drehpause versuchte Sophia Loren in dem Film „Etwas in Blond" (1984) ein Comeback. In diesem Streifen wirkte außer ihrer Nichte Alessandra auch ihr elfjähriger Sohn Edoardo mit. Zu den Liebhabereien der Loren gehört das Kochen. Von ihr stammt das Kochbuch „In cucina con amore" („Mit Liebe kochen"). 1994 wirkte sie in dem Film „Ready to Wear" („Prêt-à-Porter") von Robert Altmann (1925-2006) mit. Seit 1994 ist sie mit einem Stern auf dem „Hollywood Walk of Fame" vertreten. 1998 erlitt sie auf dem Flug von New York City nach Los Angeles einen Herzanfall, den sie gut überstand.

Auch mit 70 Jahren gehörte Sophia Loren noch lange nicht zum „alten Eisen". Im September 2005 zierte sie mit tiefem Dekolletee einen von sechs verschiedenen Titeln der „Vogue"-Ausgabe in Deutschland. Dabei trug sie eine schwarze Robe von Giorgio Armani und eigenes Make-up. Weil sie Schönheitssalons hasst, macht sie sich Haare und Nägel von jeher meistens selbst. Die Zeitschrift „Vogue" wollte unter dem Motto „So schön!" mit unterschiedlichen Titelbildern die „Frau von 20 bis 70" feiern. Den tiefsten Ausschnitt von allen Models präsentierte die Loren. Diese kann angeblich ihren Ruhm nicht verstehen: „Ich habe nie begriffen, warum man mich als Sexsymbol sah. Eine konventionelle Schönheit war ich nie."

Bei der Eröffnungsfeier der „Olympischen Winterspiele 2006" in Turin trug Sophia Loren zusammen mit anderen Prominenten die „Olympische Flagge" ins Turiner Olympiastadion.

In der Nacht zum 10. Januar 2007 starb Carlo Ponti in einem Genfer Krankenhaus im Alter von 94 Jahren an den Folgen einer Lungenentzündung. Die Beisetzung erfolgte in seinem Geburtsort Magenta in der Provinz Mailand. Nach dem Tod ihres Ehemannes zog sich Sophia Loren mehr als ein Vierteljahr von öffentlichen Auftritten zurück. Danach erschien sie zu Preisverleihungen in Spanien („Espiga de Oro"), Deutschland („Bambi") und Italien („Marc Aurel-Preis").

2007 posierte die 72 Jahre alte Sophia Loren mit Diamant-Ohrringen und von einem Leinentuch umschlungen im „Pirelli-Kalender", was etliches Aufsehen erregte. Dieser Kalender wurde 1964 erstmals von dem italienischen Reifenhersteller „Pirelli" aufgelegt. Ursprünglich diente er als Pin-up-Wandbehang, um mit weiblichen Reizen auf Reifen aufmerksam zu machen. Heute gilt dieser großformatige Kalender für Fans erotischer Fotografie als Kunst- bzw. Sammelobjekt, das alljährlich im November kostenlos an Auserwählte zugeschickt wird.

Sophia Loren kündigte 2007 an, bei einem Aufstieg des Fußballclubs „SSC Neapel" würde sie noch einmal nackt auftreten. Obwohl dies dem Verein glückte, löste sie ihr Versprechen nicht ein, sondern bezeichnete es als Witz.

Nach langjähriger Abstinenz vor der Filmkamera seit 1996 wirkte Sophia Loren 2009 wieder in einem Hollywood-Film mit. Sie spielte im Musical „Nine" neben Nicole Kidman, Penélope Cruz, Daniel Day-Lewis, Judi Denck und Marion Cotilard.

Am 4. Mai 2011 erhielt Sophia Loren im „Samuel Goldwyn Theatre" in Los Angeles von der „Academy of Motion Picture and Sciences" einen Preis für ihr Lebenswerk. Zuvor hatte sie für ihre schauspielerischen Leistungen oft andere Auszeichnungen bekommen.

Sophia Loren wird von Reportern oft nach dem Geheimnis ihrer offenbar „ewigen Schönheit" gefragt. Sie verweist dann darauf, dass sie jeden Abend bereits um 21 Uhr ins Bett geht und am nächsten Morgen nach dem Aufstehen stets Gymnastik und Laufen im eigenen Park am Genfer See betreibt.

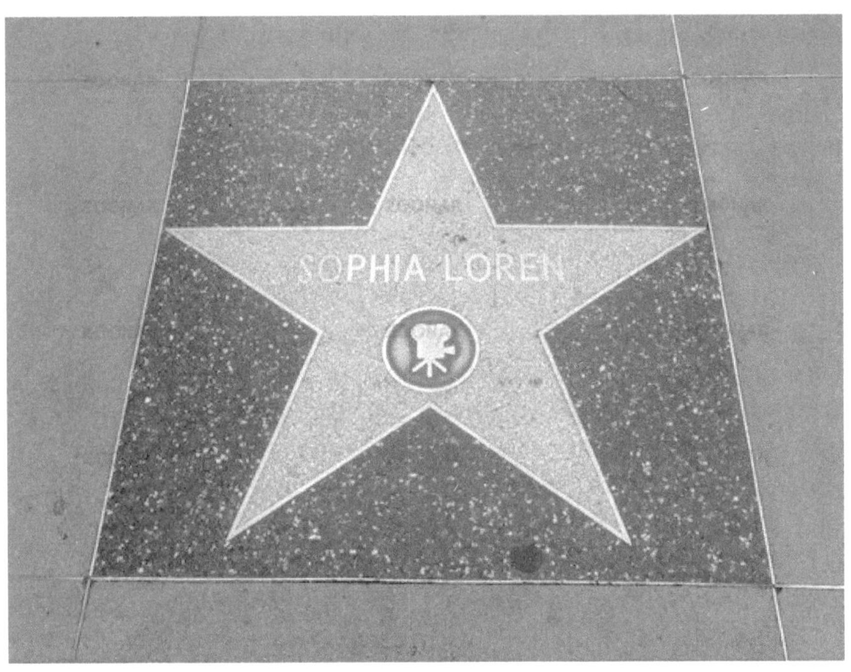

Stern für Sophia Loren
auf dem „Hollywood Walk of Fame"

Filme von Sophia Loren

(Auswahl)

1949: Cuori sul mare

1950: Il voto

1951: Quo vadis?

1951: Anna

1953: Ci troviamo in galleria (Treffpunkt Galeria)

1953: Weiße Frau in Afrika (Africa sotto i mari)

1953: Aida

1954: Karussell Neapel (Carosello napoletano)

1954: Die verkaufte Unschuld (Miseria e nobiltà)

1954: Das Gold von Neapel (L'oro di Napoli)

1954: Zwei Nächte mit Cleopatra (Due notti con cleopatra)

1954: Schade, daß du eine Kanaille bist (Peccato che sia una canaglia), erste wirkliche Hauptrolle

1955: Attila, die Geißel Gottes (Attila)

1955: Liebe, Brot und 1000 Küsse (Pane, amore e...)

1956 Stolz und Leidenschaft (The Pride and the Passion)

1956: Der Knabe auf dem Delphin (Boy On A Dolphin)

1956: Wie herrlich, eine Frau zu sein (La fortuna di essere donna)

1957: Die Stadt der Verlorenen (Legend of the Lost)

1957: Begierde unter Ulmen (Desire Under The Elms)
1958: Hausboot (Houseboat)
1958: Die schwarze Orchidee (The Black Orchid)
1960: Es begann in Neapel (It Started in Naples)
1960: Und dennoch leben sie (La ciociara)
1960: Die Dame und der Killer (Heller in Pink Tights)
1960: Prinzessin Olympia (A Breath of Scandal)
1960: Die Millionärin (The Millionairess)
1961: El Cid
1961: Ungezähmte Catherine (Madame Sans Gêne)
1961: Boccaccio 70 (Boccaccio 70)
1962: Die dritte Dimension (La troisième dimension)
1962: Die Eingeschlossenen von Altona (I sequestrati di Altona / Les Sequestres D'Altona)
1963: Gestern, heute und morgen (Ieri, oggi, domani / Hier, Aujourd'Hui, Demain)
1963: Der Untergang des Römischen Reiches (The Fall of the Roman Empire)
1964: Hochzeit auf italienisch (Matrimonio all'italiana), Oscar-Nominierung
1964: Geheimaktion Crossbow (Operation Crossbow)
1965: Lady L (Lady L)
1966: Judith (Judith)
1966: Arabeske (Arabesque)
1966: Die Gräfin von Hongkong (A Countess From

Hongkong)
1967: Schöne Isabella (C'era una volta…)
1969: Sonnenblumen (I girasoli)
1970 Die Frau des Priesters (La moglie del prete)
1972 Der Mann von La Mancha (Man of La Mancha
/ L'uomo della Mancha)
1973: Die Reise nach Palermo (Il viaggio / Le
voyage)
1974: Das Urteil (Verdict)
1974: Die Puppe des Gangsters (La pupa del
gangster)
1976: Treffpunkt Todesbrücke (Cassandra Crossing)
1977: Angela (Angela)
1977: Ein besonderer Tag (Una giornata particolare /
Une journée particulière)
1978: Verstecktes Ziel (Brass Target)
1978: Blutfehde (Fatto di sangue fra due uomini per
causa: di una vedova, si sospettano moventi politici)
1979: Firepower (Firepower)
1984: Etwas in Blond (Qualcosa di biondo)
1995: Prêt-à-porter
1995: Der dritte Frühling – Freunde, Feinde, Fisch &
Frauen (Grumpier Old Men)
2002: Zwischen Fremden (Between Strangers)
2009: Nine
2010: La mia casa è piena di specchi (TV Film)

Quelle: Wikipedia und Internet Movie Database

Auszeichnungen für Sophia Loren

Walk of Fame
1994: Stern auf dem Hollywood Walk of Fame

Oscar
1962: Oscar für „Und dennoch leben sie" (Kategorie: beste Hauptdarstellerin)
1965: Nominierung als beste Hauptdarstellerin für „Hochzeit auf italienisch" (beste Hauptdarstellerin)
1991: Ehrenoscar für ihr Lebenswerk
2011: Ehren-Gala für ihr Lebenswerk von der Academy of Motion Pictures and Sciences in Los Angeles

Golden Globe Award
1961: Golden-Globe-Nominierung für „Es begann in Neapel" (beste Hauptdarstellerin – Komödie oder Musical)
1964: Henrietta Award als beliebteste Darstellerin des Jahres
1965: Henrietta Award und Golden-Globe-Nominierung für „Hochzeit auf italienisch" (beste Hauptdarstellerin – Komödie oder Musical)

1969: Henrietta Award
1977: Henrietta Award
1995: Golden-Globe-Nominierung für „Prêt-à-
porter" (beste Nebendarstellerin) und Cecil B.
DeMille Award

Bambi
1961: Bambi
1962: Bambi
1963: Bambi
1964: Bambi
1965: Bambi
1967: Bambi
1968: Bambi
1969: Bambi
2007: Ehren-Bambi für ihr Lebenswerk

David di Donatello
1961: David di Donatello als beste Schauspielerin
1964: David di Donatello als beste Schauspielerin
1965: David di Donatello als beste Schauspielerin
1970: David di Donatello als beste Schauspielerin
1974: David di Donatello als beste Schauspielerin
1978: David di Donatello als beste Schauspielerin
1984: David di Donatello Sonderpreis
1999: Ehren-David-di-Donatello für ihr Lebenswerk

Telegatto
2001: Ehren-Telegatto für ihr Lebenswerk

Goldener Bär der Berlinale
1994: Goldener Bär für ihr Lebenswerk

Nastro d'Argento
1961: Nastro d'Argento als beste Schauspielerin für
„Und dennoch leben sie" („La ciociaria")
1978: Nastro d'Argento als beste Schauspielerin für
„Una giornata particolare"

Preis des Internationalen Filmfestival in Venedig
1958: Goldener Löwe als beste Schauspielerin in
„Die Schwarze Orchidee"
1998: Goldener Löwe für ihr Lebenswerk

Preis des Internationalen Filmfestival in San
Sebastian
1974: Preis als beste Schauspielerin in „Die Reise
nach Palermo"

Preis des Internationalen Filmfestival in Cannes
1961: Preis als beste Schauspielerin in „Und dennoch
leben sie" („La ciociaria")

Preis des Internationalen Filmfestival in Moskau
1965: Preis als beste Schauspielerin in „Hochzeit auf
italienisch" („Martimonio all'Italiana")
1997: Goldener St. Georg Preis

Preis des Internationalen Filmfestival in Istanbul
2005: Preis für ihr Lebenswerk

New York Film Critics Award
1961: Preis als beste Schauspielerin in „Und dennoch
leben sie" („La ciociaria")

British Films Academy Awards
1962: Nomierung als beste Schauspielerin in „Und
dennoch leben sie" („La ciociaria")

Legion d'honneur
1991: Ehrenpreis für ihr Lebenswerk

National Board of Review Award
1994: Preis als bestes Ensemble für „Pret-a-Porter"

Goldene Kamera
1995: Goldene Kamera für ihr Lebenswerk

Sho West Award
1996: Preis für ihr Lebenswerk

Verdienstorden der Italienischen Republik
1996: Verdienstorden der Italienischen Republik –
Cavaliere di Gran Croce

World Film Festival in Montreal
2001: Großer Spezialpreis für ihr Lebenswerk

Molodist Festival
2003: Festivaldiplom für ihr Lebenswerk

Ehrenbürgerin
2005: Ehrenbürgerin von Puzzuoli, Kampanien
2009: Ehrenbürgerin von Sorrent

Filmfestspiele in Rom
2007: Schauspielpreis für ihre Karriere

Filmfestspiele in Valladolid
2007: Espigade Oro für ihre Karriere

César
1991: César für ihr Lebenswerk

Praemium Imperiale
2010: Praemium Imperiale

Sophia Loren bekam unter anderem zahlreiche BRAVO Otto Awards von der Jugendzeitschrieft BRAVO verliehen und zahlreiche Laurel Awards.

Quelle: Wikipedia

Zitate von Sophia Loren

Alles, was Sie hier sehen, verdanke ich Spaghetti.

Alter ist doch unwichtig.

Charme ist der unsichtbare Teil der Schönheit,
ohne den niemand wirklich schön sein kann.

Die Phantasie des Mannes
ist die beste Waffe der Frau.

Die Welt wäre friedlicher, wenn die Männer
mehr weibliche Wesenszüge besäßen.

Eine Frau, die wirklich verliebt,
blickt auch dann zu ihrem Mann auf,
wenn er kleiner ist.

Ein Intellektueller ist der ideale Ehemann.
Er ist so stark mit seinem Innenleben beschäftigt,
dass der Frau genügend Zeit bleibt,
sich mit ihrem Äußeren zu beschäftigen.

Ich bin Fatalist, ich denke, alles, was man tut
oder nicht tut, steht irgendwo bereits geschrieben,
alles hat seine Bewandtnis.

Ich habe keinen einzigen männlichen Knochen
im Körper.

Ich habe nie begriffen,
warum man mich als Sexsymbol sah.
Eine konventionelle Schönheit war ich nie.

Ich kann in zwölf Sprachen Nein sagen –
das ist unerlässlich für eine Frau,
die weit herumkommt.

Ich wache immer sehr früh auf
und springe dann aus dem Bett –
egal, ob ich Lust habe oder nicht –,
und dann gehe ich eine Stunde spazieren.

Jung ist man, solange man noch imstande ist,
den eigenen Geburtstag zu vergessen.

Wer zu lange ein Auge zugedrückt hat,
dem werden eines Tages plötzlich beide aufgehen.
Wie ein Mann fährt, so möchte er sein.

Wenn man einmal in Armut gelebt hat,
vergisst man nicht, was das ist.

Literatur

BEIER, Lars-Olaf: Sophia Loren. Eine Hommage, Berlin 1994

BERTELLI, Giovanna (Herausgeber): Sophia Loren, München 2003

DHERBIER, Yann-Brice (Herausgeber): Sophia Loren. Bilder eines Lebens, Berlin 2008

FEMBIO Frauen-Biographie-Forschung
http://www.fembio.org

HEINZLMEIER, Adolf / SCHULZ, Bernd / WITTE, Karsten: Die Unsterblichen des Kinos, Band 2, Glanz und Mythos der Stars der 40er und 50er Jahre, Frankfurt am Main 1980

HOTCHNER, Aaron E.: Sophia Loren. Ihre Filme, ihr Leben, München 1969

INTERNET MOVIE DATABASE
(Film-Datenbank)
http://www.imdb.com

MOSCATI, Italo: Sophia Loren. Eine Biographie, München 1995

PROBST, Ernst: Superfrauen 7 – Film und Theater, Mainz-Kostheim 2001

PROBST, Ernst: Königinnen des Films, München 2012

PUBLIKUMSLIEBLINGE NICHT NUR VON GESTERN http://www.steffi-line.de
Internetseite von Stephanie D'heil, Düsseldorf
SEIDEL, Hans Dieter: Spiel mit dem Kopf, mit Hüfte und Zeh. Stolz, Leidenschaft und Disziplin: Sophia Loren zum sechzigsten Geburtstag. Frankfurter Allgemeine Zeitung, 20. September 1994, Frankfurt am Main
WIKIPEDIA (Online-Lexikon)
http://wikipedia.org
WINNERT, Derek (Herausgeber): Sophia Loren. Aus: Kino. Die große Welt der Filme und Stars, S. 120, Niedernhausen 1995

Bildquellen

Klaus Benz, Fotograf, Mainz-Laubenheim: 46

Al & Fede 4e: 28 (via Wikimedia Commons) Lizenz: gemeinfrei

George Biard/CC-BY-SA3.0 (Foto von 1991): 20 (via Wikimedia Commons), lizensiert unter CreativeCommons-Lizenz by-sa-3.0-de http://creativecommons.org/licenses/by-sa/3.0/ legalcode

Ivo Bulanda/CC-BY-SA3.0 (Foto aus den 1960-er Jahren): 14 (via Wikimedia Commons), lizensiert unter CreativeCommons-Lizenz by-sa-3.0.de http://creativecommons.org/licenses/by-sa/3.0/ legalcode

Iberia Airlines/CC-BY2.0: 21 (via Wikimedia Commons), lizensiert unter CreativeCommons-Lizenz by-2.0-de http://creativecommons.org/licenses/by/2.0/ legalcode

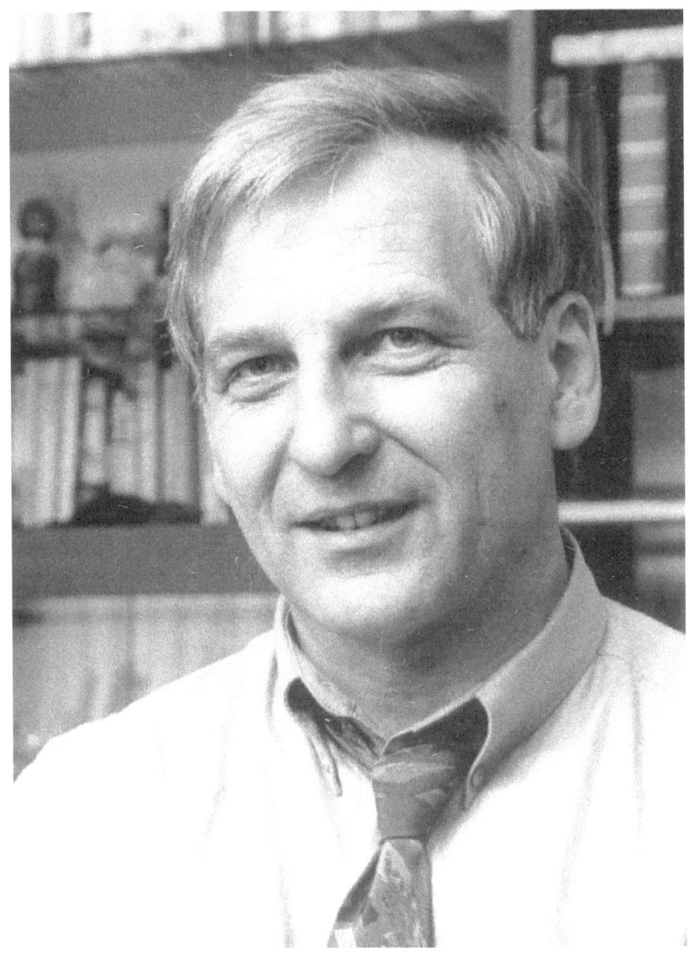

Autor Ernst Probst

Der Autor Ernst Probst

Ernst Probst, geboren am 20. Januar 1946 in Neunburg vorm Wald im bayerischen Regierungsbezirk Oberpfalz, ist Journalist und Wissenschaftsautor. Er arbeitete von 1968 bis 1971 als Redakteur bei den „Nürnberger Nachrichten", von 1971 bis 1973 in der Zentralredaktion des „Ring Nordbayerischer Tageszeitungen" in Bayreuth und von 1973 bis 2001 bei der „Allgemeinen Zeitung", Mainz. In seiner Freizeit schrieb er Artikel für die „Frankfurter Allgemeine Zeitung", „Süddeutsche Zeitung", „Die Welt", „Frankfurter Rundschau", „Neue Zürcher Zeitung", „Tages-Anzeiger", Zürich, „Salzburger Nachrichten", „Die Zeit", „Rheinischer Merkur", „Deutsches Allgemeines Sonntagsblatt", „bild der wissenschaft", „kosmos", „Deutsche Presse-Agentur" (dpa), „Associated Press" (AP) und den „Deutschen Forschungsdienst" (df). Aus seiner Feder stammen die Bücher „Deutschland in der Urzeit" (1986), „Deutschland in der Steinzeit" (1991) und „Deutschland in der Bronzezeit" (1996). Von 2001 bis 2006 betätigte sich Ernst Probst als Buchverleger sowie zeitweise als internationaler Fossilienhändler und Antiquitätenhändler. Insgesamt veröffentlichte er rund 200 Bücher, Taschenbücher, Broschüren und E-Books.

Bücher von Ernst Probst

(Auswahl)

Als Mainz noch nicht am Rhein lag

Annie Oakley
Die Meisterschützin des Wilden Westens

Archaeopteryx. Der Urvogel
aus Bayern

Christl-Marie Schultes. Die erste Fliegerin in Bayern
(zusammen mit Theo Lederer)

Cortés und Malinche. Der spanische Eroberer
und seine indianische Geliebte

Der Europäische Jaguar

Der Mosbacher Löwe
Die riesige Raubkatze aus Wiesbaden

Der Rhein-Elefant
Das Schreckenstier von Eppelsheim

Die Dolchzahnkatze Megantereon

Die Dolchzahnkatze Smilodon

Die Säbelzahnkatze Homotherium

Die Säbelzahnkatze Machairodus

Die Schweiz in der Frühbronzezeit

Die Rhône-Kultur in der Westschweiz

Die Arbon-Kultur in der Schweiz

Die Schweiz in der Mittelbronzezeit

Die Schweiz in der Spätbronzezeit

Dinosaurier von A bis K. Von Abelisaurus
bis zu Kritosaurus

Dinosaurier von L bis Z. Von Labocania
bis zu Zupaysaurus

Eiszeitliche Geparde in Deutschland

Rund 70 Kurzbiografien berühmter Fliegerinnen,
Ballonfahrerinnen, Luftschifferinnen,
Fallschirmspringerinnen, Astronautinnen und
Kosmonautinnen

Königinnen des Films

Königinnen des Tanzes

Königinnen des Theaters

Malende Superfrauen

Meine Worte sind wie die Sterne

Die Entstehung der Rede des Häuptlings Seattle
(zusammen mit Sonja Probst)

Monstern auf der Spur
Wie die Sagen über Drachen, Riesen
und Einhörner entstanden

Neues vom Ur-Rhein
Interview mit dem Geologen und Paläontologen
Dr. Jens Sommer

Österreich in der Frühbronzezeit

Österreich in der Mittelbronzezeit

Österreich in der Spätbronzezeit

Pompadour und Dubarry. Die Mätressen
von Louis XV.

Raub-Dinosaurier von A bis Z.
Mit Zeichnungen von Dmitry Bogdanav
und Nobu Tamura

Rekorde der Urmenschen
Erfindungen, Kunst und Religion

Rekorde der Urzeit
Landschaften, Pflanzen und Tiere

Säbelzahnkatzen. Von Machairodus
bis zu Smilodon

Säbelzahntiger am Ur-Rhein. Machairodus
und Paramachairodus

Superfrauen aus dem Wilden Westen

Superfrauen 1 – Geschichte

Superfrauen 2 – Religion

Superfrauen 3 – Politik

Superfrauen 4 – Wirtschaft und Verkehr

Superfrauen 5 – Wissenschaft

Superfrauen 6 – Medizin

Superfrauen 7 – Film und Theater

Superfrauen 8 – Literatur

Superfrauen 9 – Malerei und Fotografie

Superfrauen 10 – Musik und Tanz

Superfrauen 11 – Feminismus und Familie

Superfrauen 12 – Sport

Superfrauen 13 – Mode und Kosmetik

Superfrauen 14 – Medien und Astrologie

Tony und Bruno Werntgen. Zwei Leben für die Luftfahrt
(zusammen mit Paul Wirtz)

Was ist ein Menhir?
Interview mit dem Mainzer Archäologen
Dr. Detert Zylmann

Weisheiten der Indianer

Wer ist der kleinste Dinosaurier?
Interviews mit dem Wissenschaftsautor Ernst Probst

Wer war der Stammvater der Insekten?
Interview mit dem Stuttgarter Biologen
und Paläontologen Dr. Günther Bechly

Zenobia von Palmyra.
Eine Frau kämpft gegen die Römer

Bestellungen bei: http://www.grin.com